ONE-PUNCH MAN

First published in Japan in 2012 by SHUEISHA Inc., Tokyo.
German translation rights in Germany, Austria, German-speaking Switzerland and Luxembourg arranged by SHUEISHA Inc.

Deutschsprachige Ausgabe / German Edition
© 2021 Crunchyroll SA
CH-1007 Lausanne

Verlegt unter dem Label KAZÉ MANGA
durch Crunchyroll SA

Aus dem Japanischen von John Schmitt-Weigand

Redaktion: Frederike Demarczyk

Herstellung: Sonja Lesch

Lettering: Paolo Gattone, Chiara Antonelli,
Alessio Ravazzani

Druck und Bindung: GGP Media GmbH, Pößneck

ISBN: 978-2-88951-021-4

WAR LECKER, WIE IMMER!
WIR DANKEN!
VERRAT BLOSS NICHT, DASS ICH TROTZDEM FÜRS ESSEN BEZAHLE!
ER MACHT SICH SONST NUR UNNÖTIG STRESS, WENN ER AUFGEGESSEN HAT.
MIST! DER TYP WILL MICH HERAUSFORDERN ?!
KANN ER HABEN !
WIRST SEHEN, WIE ICH ALLES AUFESSE!
FLATT FLATT
RECHT SO! LASSEN SIE SICH VON DIESER FLEISCH GEWORDENEN GEFRÄSSIGKEIT NICHT UNTERBUTTERN! IHR KAMPFGEIST IST ABSOLUT VORBILDLICH, MEISTER!
PIG GOD, DER S-KLASSE-HELD.
EINE LEBENDE LEGENDE IN DER WELT DER FETTLEIBIGKEIT.
[23] ORIGINAL UND KOPIE – ENDE

RÜCKENSPECK
RAMEN
RÜCKENSPECK
KLONG
WILL-KOMMEN!
IIEK
SLLP SLLP
!
PIG GOD!
...
URPS! GLEICH HAB ICH'S GESCHAFFT ...
HERAUSFORDERER GESUCHT!
GRATIS
für jeden, der in 60 Minuten aufisst!
Riesen-Mega-Ramen
5000 yen
ICH SOLLTE EIN VOR-BILD SEIN ...
ZWANZIG PORTIONEN RIESEN-MEGA-RAMEN, BITTE!
KOMMT!
BITTE, DER HERR!
PAKT

S-KLASSE
PIG GOD
KÖNNEN
POPULARITÄT
MENSCHLICHKEIT
LAUTER ANALYSEN MEINER MENSCHLICHKEIT?
ICH DACHTE, BEI HELDEN GEHT'S UM FÄHIGKEITEN UND AUFTRITT …
SCHRECK
SELTSAM.
SCHNAPP
ALSO, DAS IST, WEIL …
ES MUSS ERFORSCHT WERDEN, WELCHE ART MENSCH ALS HELD TAUGT.
SCHWITZ
DU SCHWITZT.
GENAU! UND AUSSERDEM MUSS ICH DIE BEREICHE, IN DENEN ICH COACHE, GETRENNT ANALYSIEREN!
VERGISS NIE, DASS ES EINE WICHTIGE AUFGABE VON UNS HELDEN IST, AUCH EIN GUTES VORBILD ALS MENSCH ABZUGEBEN!
MICH KANNST DU DIR DABEI ÜBRIGENS UNEINGESCHRÄNKT ZUM VORBILD NEHMEN!
ZZAT
ICH DARF MICH EMPFEHLEN!
DER S-KLASSE-HELD PIG GOD ERREICHT DIE MINDESTPUNKTZAHL!
HA HA HA HA
SELTSAMER TYP …

FRESSEN UND VERDAUEN SIND NUN MAL MEINE WAFFEN.
ÖRPS
DER TYP NERVT ...
DU BIST DOCH SELBST EIN HELD. WIE KOMMST DU DAZU, ANDERE HELDEN ZU BEWERTEN?
HILF MIR LIEBER, STATT ZUZU-SCHAUEN!
DAS IST SO ÄHNLICH WIE BEI GOURMET-RESTAURANTS, DIE WERDEN JA AUCH BEWERTET.
ACH ...
WIR HELDEN MÜSSEN STETS DARAUF ACHTEN, DIE BEWUNDERUNG DURCH NORMAL-BÜRGER ZU ERHALTEN.
SO WIE ICH ...
UND DAS IST MEIN ANSPORN, TAG FÜR TAG UNSERE KLASSIFIZIERUNGEN ZU ÜBERPRÜFEN.
KANNST DU DAS NICHT FÜR DICH BEHAL-TEN?
EGAL!
SCHWUPP
UAH!
HE! WAS SOLL DAS?!
GIB DAS WIEDER HER!
ICH GUCK MIR NUR MAL MEINE BEWER-TUNG AN.
NANU?

EXTRA PUNCH: DAS VORBILD

ICH HATTE DICH GE-WARNT.
DAS MITTEL, MIT DEM MAN MEINEM KÖRPER AUCH NUR EINEN KRATZER ZUFÜGEN KANN, MUSS ERST NOCH ERFUNDEN WERDEN!
NANU?
RMBL
THUM
KRMBL
DIESE ERSCHÜTTERUNGEN ... KÄMPFT JEMAND GEGEN EINEN DER ANFÜHRER?
HM ...
ZUCK ZUCK
ICH SOLLTE MICH AUCH LANGSAM NACH EINEM DER ANFÜHRER UMSEHEN, DAMIT MEINE MUSKELN ENDLICH WARM WERDEN ...

WHACK
WHACK
WHACK
WHACK
HARRRRRRRH!!!

K
R
HRN!
ICH REISS DICH IN FETZEN !!!

ICH BIN EINE GANZ-KÖRPER-WAFFE!
ICH WERDE HACKFLEISCH AUS DEINEN POSER-MUSKELN MACHEN UND SIE AN DIE WÜRMER VERFÜTTERN!
DAS WÜRDE ICH MIR GUT ÜBERLEGEN.

NOCH NICHT MAL DIE FÄUSTE VON DIESEM HELDENJÄGER GARO HABEN MIR AUCH NUR EINEN KRATZER ZUFÜGEN KÖNNEN … DAS IST DER KERL, DER EUCH HELDEN REIHENWEISE WINDELWEICH GEPRÜGELT HAT …
KRACK
ZUCK
ZUCK
MEIN PANZER IST EINE RÜSTUNG! EINE MAUER AUS STAHL!
BDUMP BDUMP
UND MEINE INSEKTEN-MUSKELN KÖNNEN IN SEKUNDEN-BRUCHTEILEN KRAFT ERZEUGEN … ICH BIN AUF EINEM VÖLLIG ANDEREN LEVEL ALS IHR SÄUGETIERE!
BDUMP

UND DANN ICH.
SUPERALLOY BLACKLUSTER, DER MANN MIT DEM SCHWARZEN GLANZ!
WENN DU MICH ÄRGERST, WERDEN MEINE MUSKELN VON GANZ ALLEINE AKTIV.
WAS DU NICHT SAGST ...
DANN WILL ICH DIR MAL ZEIGEN, WAS PASSIERT, WENN MAN MICH ÄRGERT ...

DAS STÄRKSTE LEBEWESEN AUF ERDEN!
KING!
WENN MAN DEN ÄRGERT, RÖHRT DER KING ENGINE ... UND ALLES BÖSE FÄHRT ZUR HÖLLE!
EINE ESPER MIT UNERREICHTEN FÄHIGKEITEN IM MASSAKRIEREN!
TERRIBLE TORNADO!
WENN DU DIE ÄRGERST, MACHT SIE KLEINHOLZ AUS DIR!

WIE BITTE? ICH DENKE, DU SOLLTEST WOHL GERADE KAPIERT HABEN, WAS ICH AUF DEM KASTEN HABE!
ICH BIN ENT-TÄUSCHT !!!
SCHOCK
MEIN KÖRPER BESTEHT IM GRUNDE AUS ROHEN MENGEN AUFGEBLÄHTER MUSKELMASSE. UND TROTZDEM BIN ICH DIR IN MEINEN FÄHIG-KEITEN ÜBERLEGEN, INSEKTENGOTT!
UND ICH VERRATE DIR NOCH WAS. ES GIBT DREI HELDEN, DIE MAN AUF GAR KEINEN FALL VERÄRGERN SOLLTE …

ERINNERST DU DICH, INSEKTENGOTT?
ALS WIR UNS ZUM ERSTEN MAL BEGEGNET SIND …
DU HAST GESAGT, DU WÄRST EIN UNBESIEGBARES MONSTER, EIN AUSDRUCK DER STÄRKE DER INSEKTEN.
MEIN ULTIMATIVES ZIEL IST EBENFALLS DIE „STÄRKE DER INSEKTEN"!
ICH DACHTE, EIN MONSTER WÄRE MIR ZUVORGEKOMMEN! ICH WAR FURCHTBAR ENTTÄUSCHT. ABER GLEICHZEITIG WOLLTE ICH ES AM EIGENEN LEIB ERFAHREN …
WIE FURCHTBAR STARK IST DIESES WESEN, DAS SICH INSEKTENGOTT NENNT?
ALLERDINGS …
… WURDEN MEINE ERWARTUNGEN AUF GANZER LINIE ENTTÄUSCHT.
ES FÄNGT SCHON DAMIT AN, DASS DU ALS INSEKTENMONSTER NICHT MAL EINEN ORDENTLICH GLÄNZENDEN SCHWARZEN PANZER HAST …

WARUM RÜHRST DU DICH NICHT?
HAST DU DEN KAMPF AUFGEGE-BEN, ...
... SUPERALLOY BLACK-LUSTER?
WARUM KONTERST DU NICHT?

SMACK
WHACK WHACK
WAS SOLL DAS?

THWACK
BASH
WHACK

ALSO …
… DIESE KATZE …
… HAT GESAGT, DASS SIE SICH EINEN ANDEREN HELDEN SCHNAPPEN WILL.
PUH.
DIE KAPIERT'S EINFACH NICHT.
TAPP
EGAL, AN WEN SIE GERÄT, SIE WIRD ES BEREUEN.
MIT MEINER WENIGKEIT WÄRE SIE NOCH AM BESTEN BEDIENT GEWESEN …

PUNCH 112: SUPERALLOY BLACKLUSTER

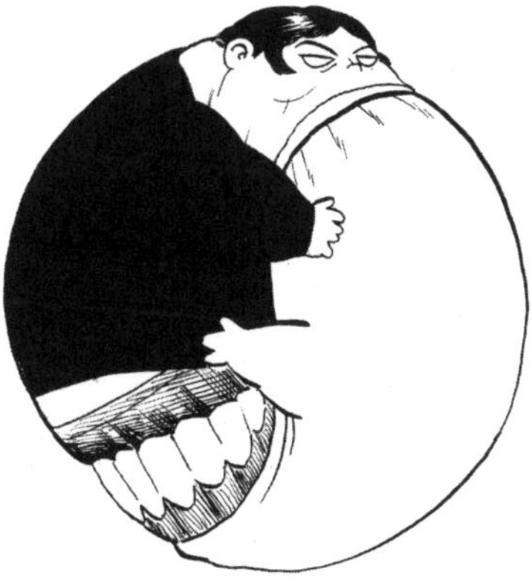

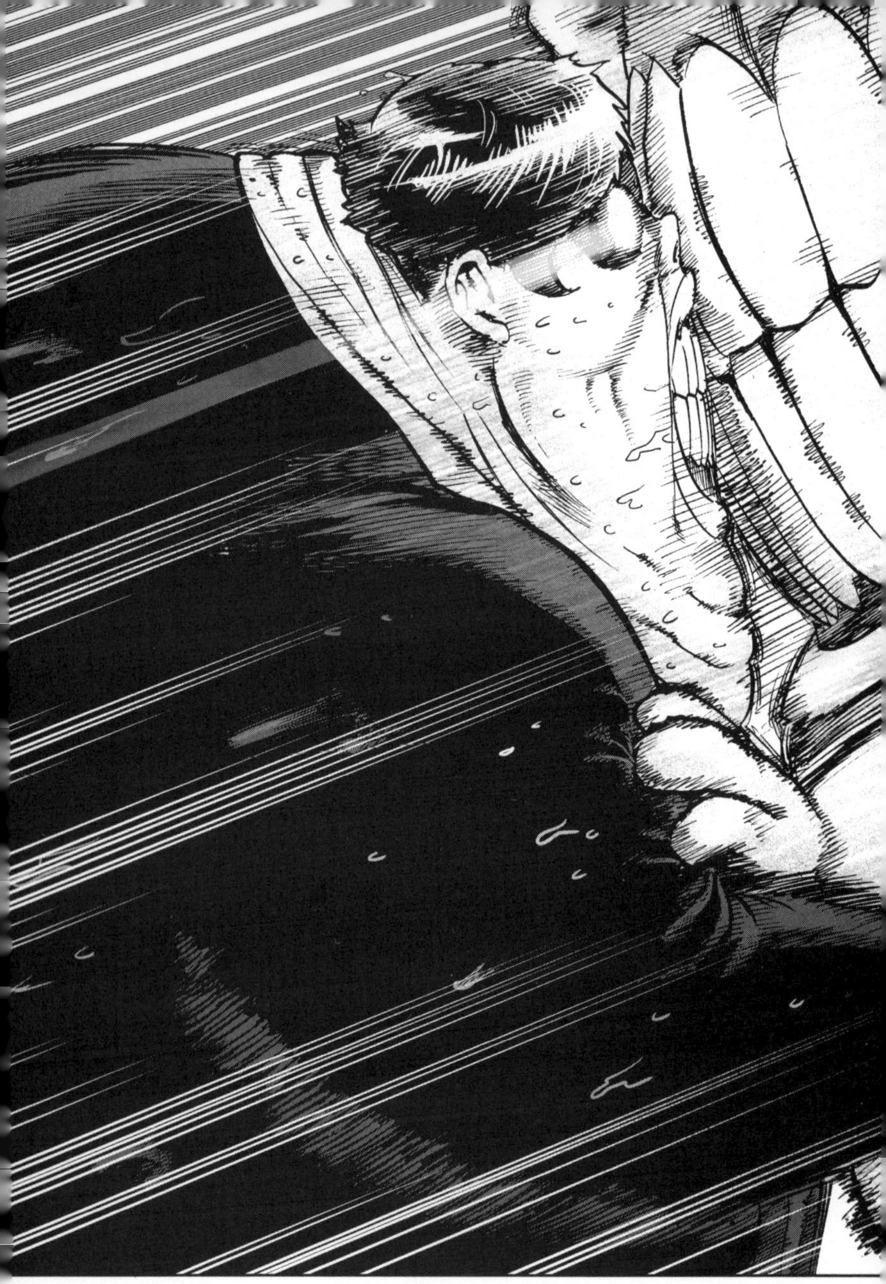

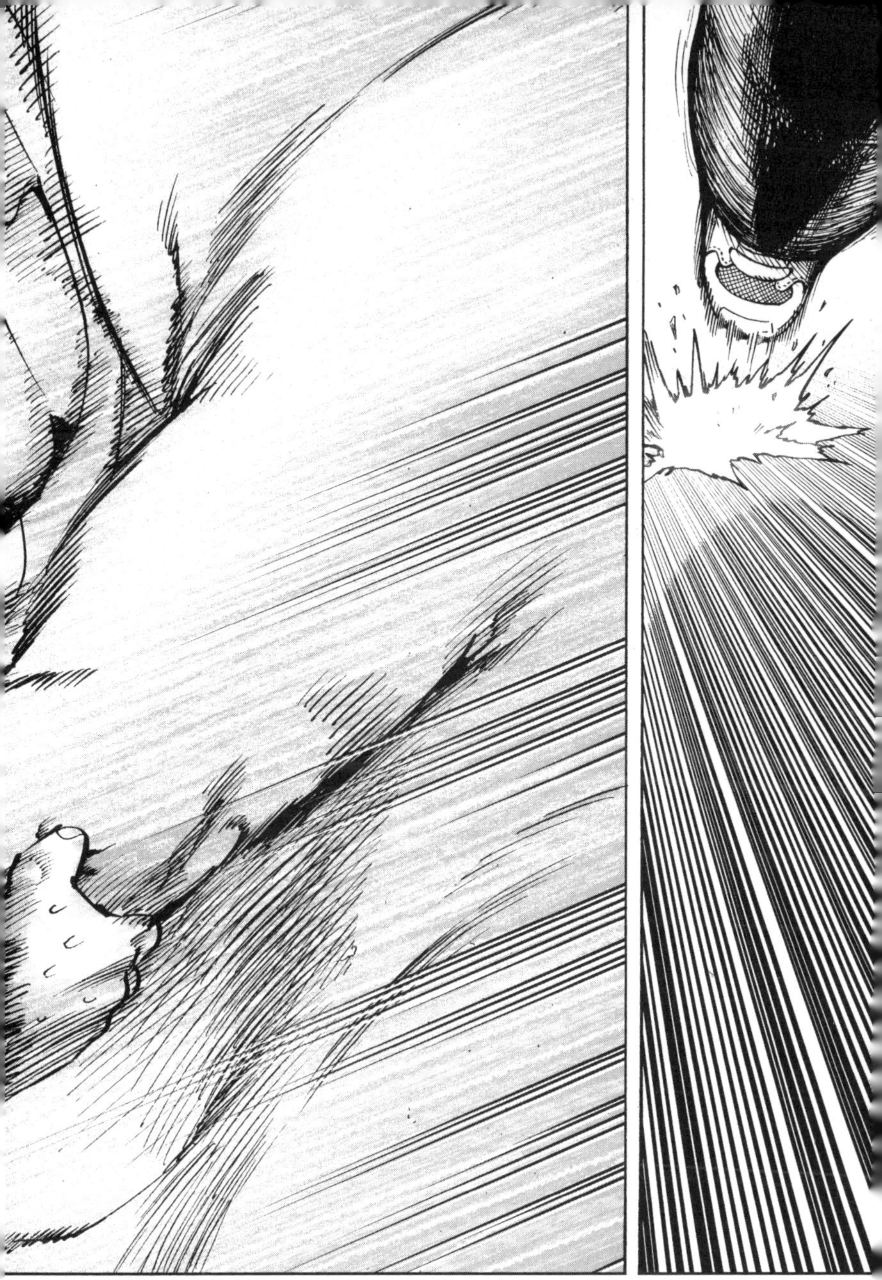

URGH
HRGH
HŸÄARG
SPLASH
WHAK

BOUMP
BOUMP
GRMPF?!

GUOOOOOOH

OÖHR
ZAHNFLEISCH
GEFAHRENLEVEL: DRACHE

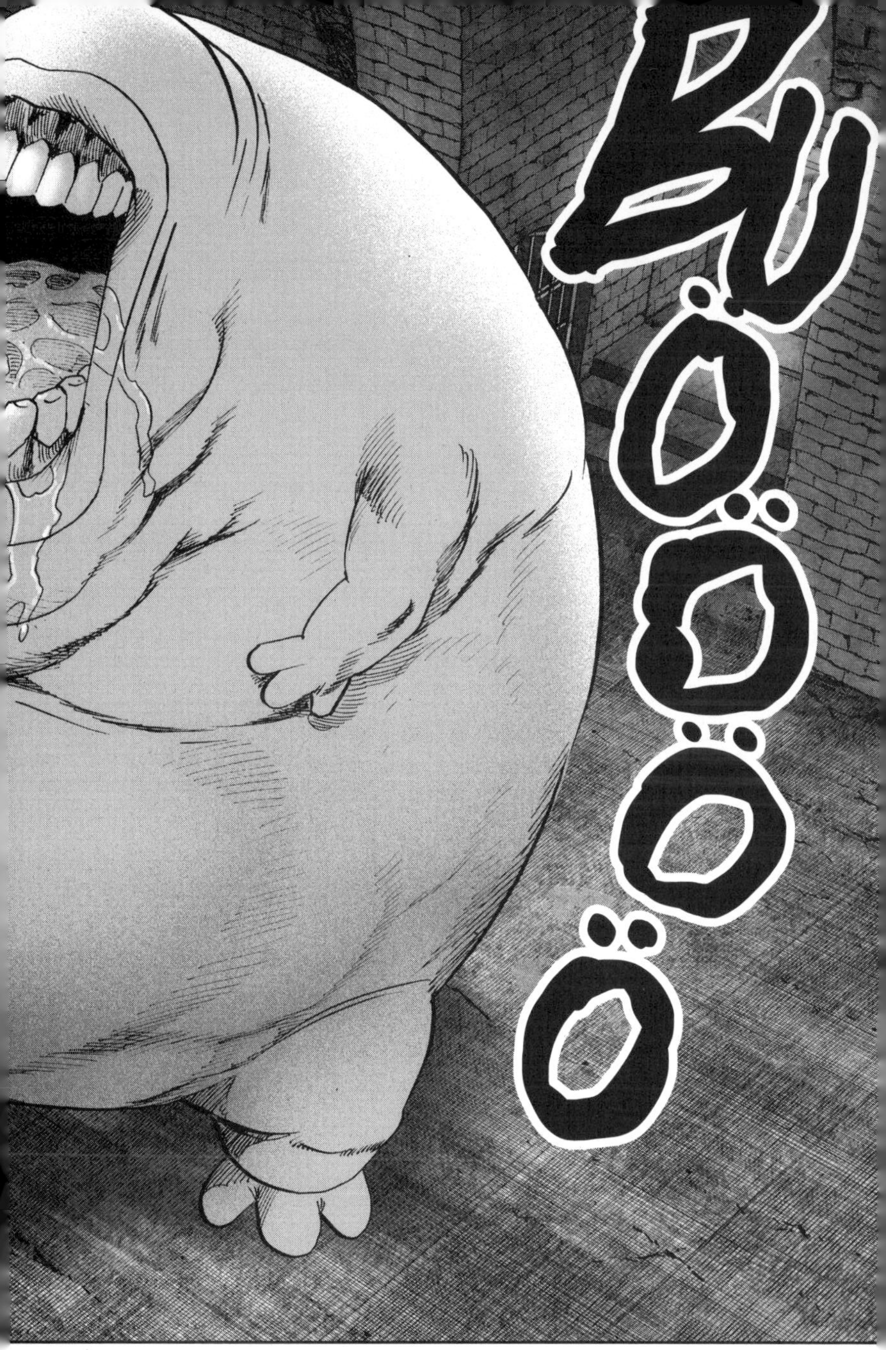

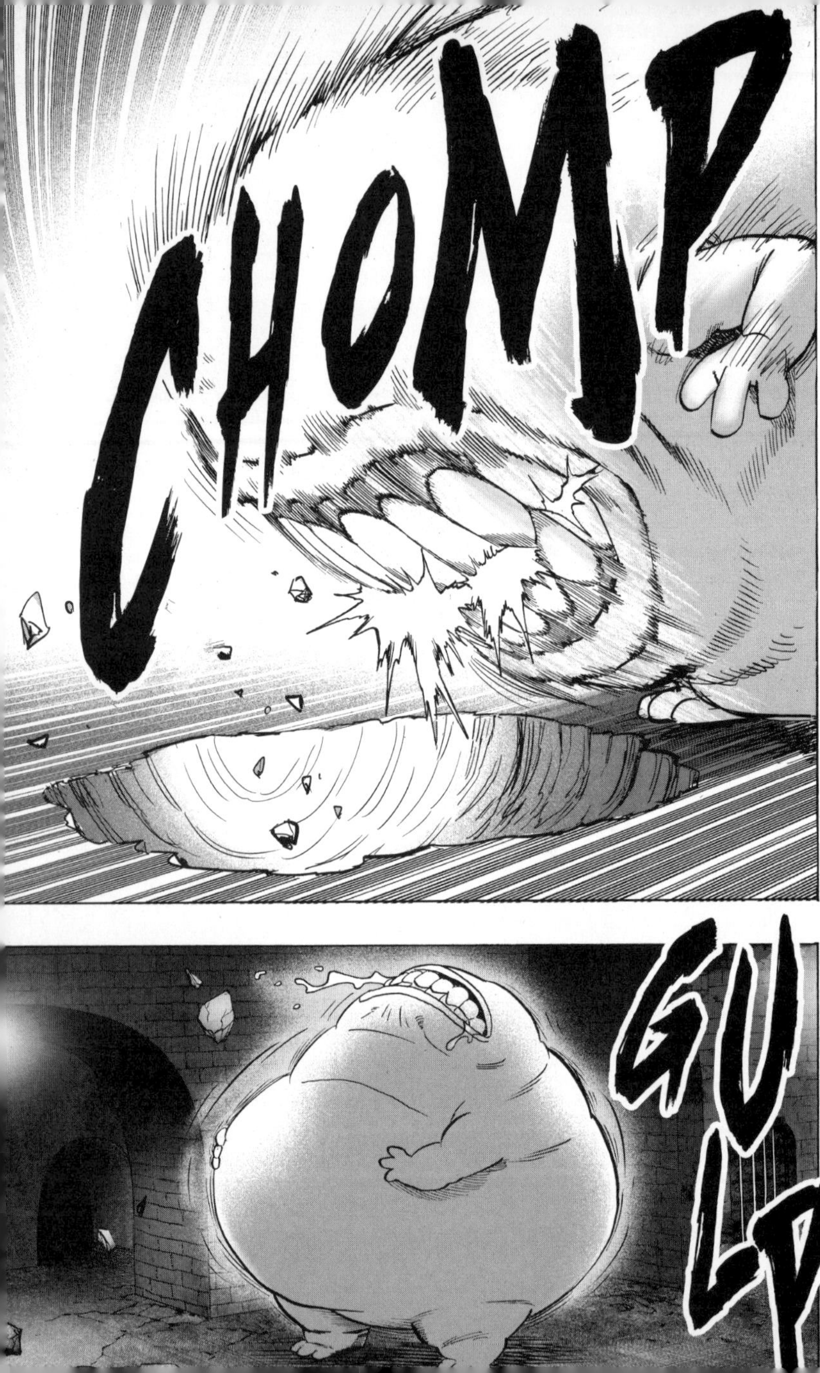
CHOMP
GULP

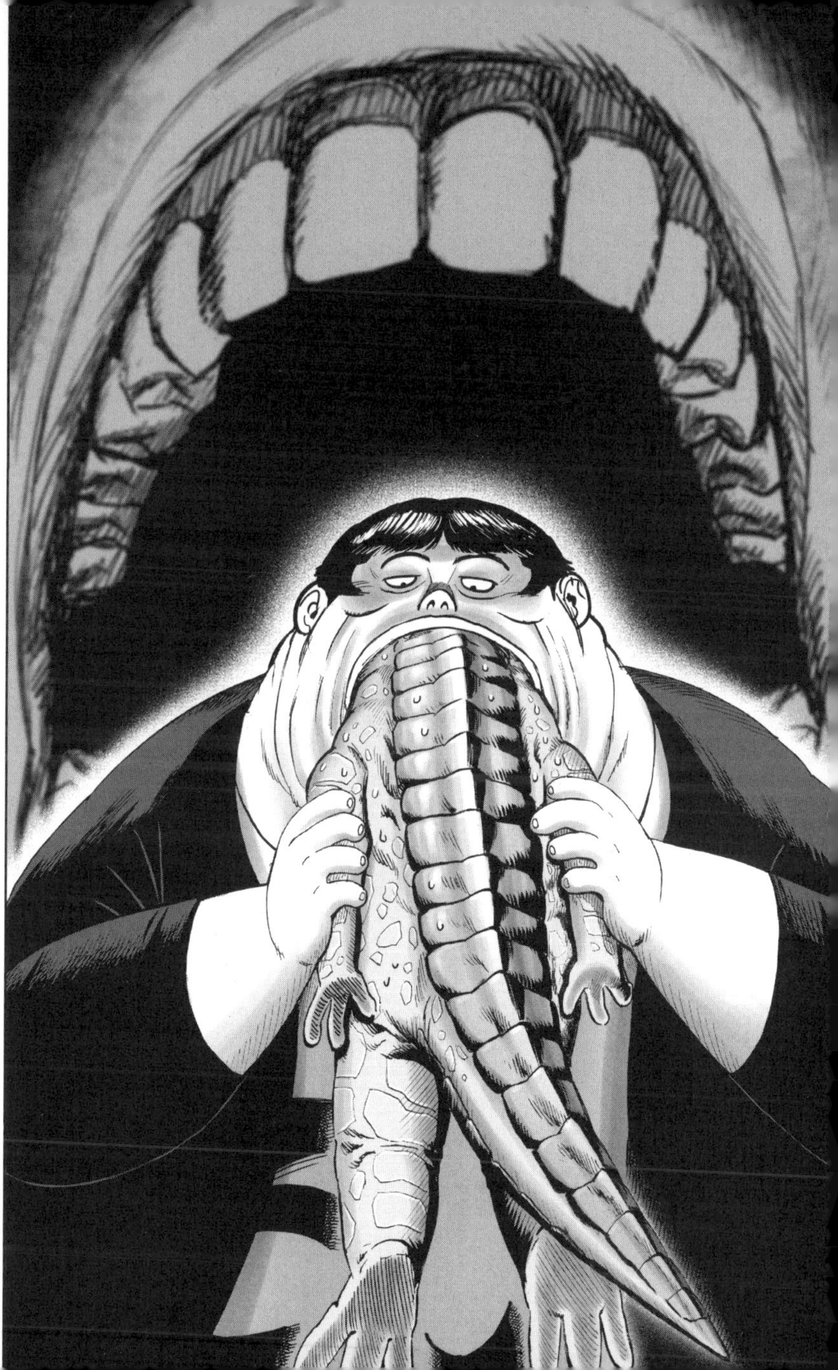

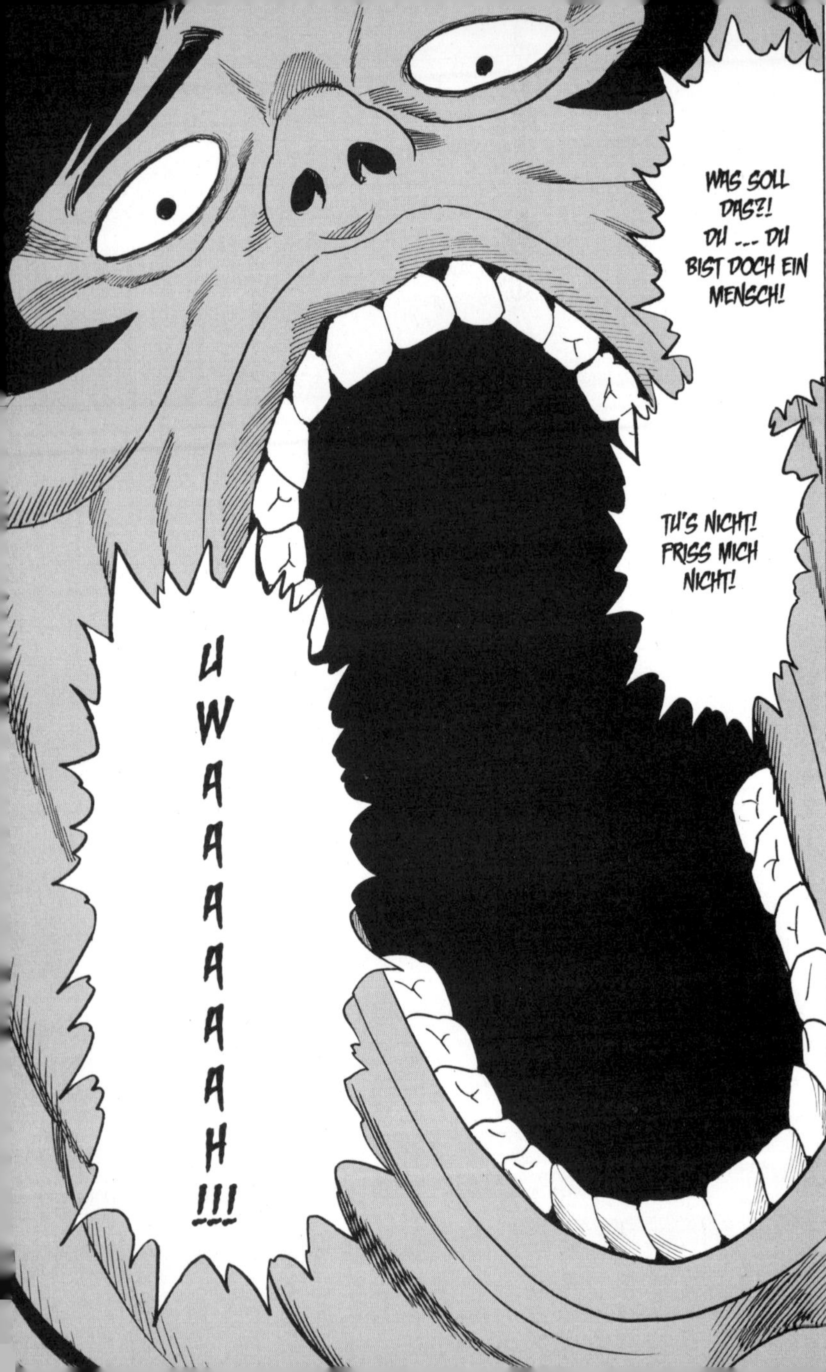
WAS SOLL DAS?! DU ... DU BIST DOCH EIN MENSCH!
TU'S NICHT! FRISS MICH NICHT!
UWAAAAAAAH!!!

SKRNCH
KRNCH
KRNCH
MUNCH
MUNCH
WAS FÜR EIN FLEISCHBERG … ICH DACHTE, WENN ICH MIR DEN MIT EIN PAAR KOLLEGEN VORKNÖPFE, GIBT DAS EINEN ORDENT- LICHEN FEST- SCHMAUS, ABER …
KRNCH KRNCH
… ER … ER HAT …
KRNCH KRNCH
… DIE ANDEREN ALLE AUF- GEFRESSEN …
HIEH?!
APP

PUNCH 111: GEFRÄSSIGKEIT

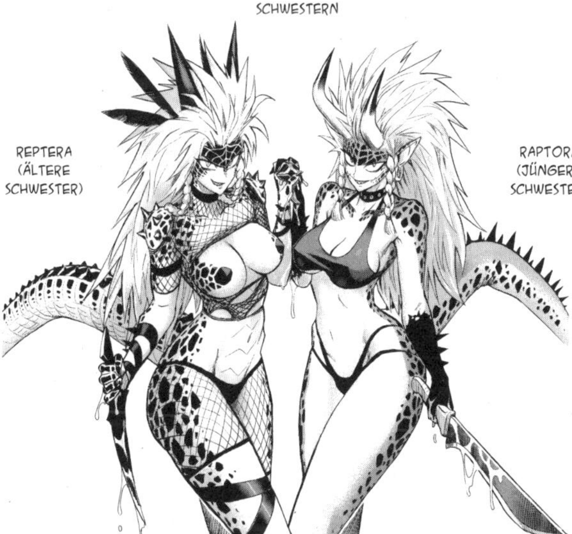
DIE
GIFTEIDECHSEN-
SCHWESTERN
REPTERA
(ÄLTERE
SCHWESTER)
RAPTORA
(JÜNGERE
SCHWESTER)

PLINK
PLINK
ICH WERDE MEINE NEUEN FÄHIGKEITEN ALS GESCHENK VON EUCH ALLEN IN EHREN HALTEN, MEINE LIEBEN …
VIELEN DANK, HONEYS!
EUER OPFER WIRD NICHT UMSONST GEWESEN SEIN!
SCHEISS-SE …
BITTE WACHT ÜBER MICH UND MEINEN KAMPF …

WAS?!
ICH HAB SIE ZERQUETSCHT?!
MEINE BOYFRIENDS!!! UOOOOOOOO-AHHH!!
UWAAAAAAAH...

KRAAASH

ICH LEBE SO, WIE ES MIR GEFÄLLT.
ICH ENTSCHEIDE, GEGEN WEN ICH KÄMPFE!
DU WIRST GEGEN DIE GEFANGENEN KÄMPFEN!
ICH JAGE DICH BIS ANS ENDE DER WELT!
WHACK
WHACK
WHACK
ES SCHNÜRT MIR DIE LUFT AAAB!
HUSCH
OH!
LORD MIAUK IST ZURÜCK!
HAT ER PRISONER ERLE-DIGT?
TAPP
TAPP

WHACK WHACK WHACK WHACK
…
ALSO, DAS GEHT NICHT MIT RECHTEN DINGEN ZU …
WHACK WHACK WHACK WHACK WHACK WHACK
MIA?!
ER KOMMT IMMER NÄHER, DAS SPÜRE ICH!
DA IST EINE INSTINKTIVE ABSCHEU!
SLUP
BA KOMM
IGITT …

ANGEL ☆ KRAULEN!
AUF DER JAGD NACH DER KATZE SCHWIMME ICH DURCH DIE ERDE!

ICH KNÖPF MIR EINEN ANDEREN HELDEN VOR!
BYE-BYE!
HE, PRISONER!
HIER SPIELT DIE MUSIK!
HNGG
WIR WERDEN DICH ...
?!
ICH KRIEG DICH !!!
KRASH

IGITT!
DAS IST JA WIDERLICH!
DAS IST ...
DIESES GEFÜHL ...
GENAUSO ABSTOSSEND WIE FRÜHER, WENN MEINE HALTERIN MICH ABGEKNUTSCHT HAT ...
SCHMATZ
KNUDDEL
EGAL!
HUSCH
SOLLEN SICH DIE ANDEREN UM IHN KÜMMERN!
?!
DURCH DIESEN SCHMALEN SPALT?!
ICH KOMME DURCH JEDEN SPALT! MIR REICHEN SCHON DREI MILLIMETER!
UND RISSE GIBT'S HIER JEDE MENGE, DA IST ABHAUEN EIN KINDERSPIEL!

ICH GLAUBE, MIR WACHSEN ENGELSFLÜGEL …
QUATSCH, DAS SIND BLOSS HAARE!
ICH NENNE SIE …
MEINE ABWEHRKRAFT IST GESTÄRKT!
UND DAS HEISST …
… „ANGEL ☆ BORSTENPANZER"!
DER HAUTKONTAKT MIT MEINEN BOYFRIENDS KANN WARTEN!
ALS ERSTES MACH ICH DIE KATZE FERTIG!

GROOOO
!

MIST! DAS KLINGT SO NETT! DER KAPIERT'S EINFACH NICHT!
WIR SIND SCHON LANGE NICHT MEHR DEINE BOYFRIENDS!
ES REICHT! DÄMLICHES GEQUATSCHE!
WENN DU DICH NICHT WEHRST, UMSO BESSER!
MACHT IHN ALLE!
TÖTET IHN!
IRGENDWAS FÜHLT SICH ANDERS AN …
WAS IST DENN MIT DEM LOS?!
WAS MAG DAS WOHL SEIN?
DIE WIEDERKEHRENDEN VERLETZUNGEN HABEN SEINEN SELBSTSCHUTZINSTINKT GEWECKT … SEIN KÖRPER ENTWICKELT SICH RASEND SCHNELL WEITER …
?!
ODER WAS IST DA LOS?

UM EIN MENSCH ZU SEIN, BRAUCHT ES NUR EINES. EIN MENSCHLICHES HERZ!
ICH GEBE NICHT AUF!
ICH WERDE NICHT RUHEN, BIS ICH MEINE BOY-FRIENDS GERETTET HABE!
ALLES IST MÖGLICH ... MIT DER MACHT DER LIEBE !!!

PLATSCH
NUTZEN WIR DIE CHANCE, IHN KALTZUMACHEN!
?!
BLOT BLOT
!!!
DER KERL IST WIEDER AUF DEN BEINEN!
HAB ICH RECHT GEHÖRT, MEINE ZUCKERSÜSSEN HONEYS? IHR WOLLT KEINE MENSCHEN MEHR SEIN?
PUH.
ABER IHR LIEGT FALSCH.

DER PULLOVER … WAR HAND-GESTRICKT … VON MEINEN BOYFRIENDS …
KIPP
BIS SPÄTER, JUNGS!
TAPP TAPP
IRRE …
WAS DIE BOSSE SO DRAUFHABEN …

HUAA ...
MÜDE ...
MIAUK
GEFAHRENLEVEL: DRACHE

KATZEN...
...STRAFE!

WIRKLICH SCHADE.

JE MEHR ICH DARAN DENKE, DESTO MEHR LUST KRIEG ICH, DICH UMZUBRINGEN!
DU HAST DIE ARBEIT IM KNAST IMMER GESCHWÄNZT!
WIESO DRINGEN MEINE WORTE NICHT ZU EUCH DURCH?!
ICH WILL EUCH DOCH RETTEN! IHR MÜSST NUR AN MICH GLAUBEN!
BWAAAH
NEIN ... VERGISS ES ...
SOLL ICH DIR MAL WAS VERRATEN?
WENN DU ERST MAL EIN MONSTER GEWORDEN BIST, WILLST DU NIE WIEDER EIN MENSCH SEIN!

GLAUB NICHT, DASS WIR SCHON GENUG HABEN!
WIR WERDEN NACHHER IN DEN KNAST ZURÜCKGEHEN UND ALLE TYPEN, DIE EINEN AUF BOSS MACHEN, MASSAKRIEREN ... UND ALLE WÄRTER AUCH!
THUD
WHACK
WIR REISSEN IHNEN DIE HERZEN RAUS!
HÄUTEN SIE!
ENT-SETZ-LICH!
DIE VERWANDLUNG IN MONSTER HAT SIE VÖLLIG VERROHEN LASSEN ...
WHAFF
KOMMT ZUR BESIN-NUNG! ER-WACHT!
UOAH!
ERIN-NERT EUCH AN DIE GLANZ-VOLLEN TAGE!
DAMALS, ALS WIR IM GEFÄNGNIS BETT UND TISCH GETEILT HABEN ... DIE GE-MEINSAME PLACKEREI, UNSER SCHWEISS ... ALS UNSERE HERZEN VON GEGENSEITIGEM VERSTÄNDNIS UND VON LIEBE ERFÜLLT WAREN!

SEID IHR DAS, MEINE ZUCKERSÜSSEN HONEYS?!
DIE MONSTER HATTEN EUCH ENTFÜHRT ...
HIMMEL, WAS HABEN DIE MIT EUCH ANGESTELLT?
IHR SEHT JA WIE RICHTIGE MONSTER RAUS!
WER IM GLASHAUS SITZT, SOLLTE NICHT MIT STEINEN WERFEN!
WAAH
UNFASSBAR, DASS DIE MONSTERVEREINIGUNG EURE SCHWÄCHE SO AUSGENUTZT HAT!
WARTET! ICH HELFE EU…
BONK
TSCHUK
SCHWÄCHE?! WAS REDEST DU?!
WENN DU NUR DAS MAUL AUFMACHST, PACKT MICH DIE WUT!
THUD
WHACK
WHACK
KRACK
MACHT IHN FERTIG!
DER KERL SOLL LEIDEN!

DIESE STIMME …
WIE OFT HABEN WIR IHM SCHON AUFGELAUERT, UM IHN ZU TÖTEN? STETS VERGEBLICH!
UND VON WESSEN HAUT ERZÄHLT MAN SICH SONST NOCH, DASS NICHT MAL EINE RASIERKLINGE IN SIE DRINGEN KANN?
ABER HEUTE IST DER KERL FÄLLIG!
BOSS VOM STINKE-DECKEL-GEFÄNG-NIS, …
… S-KLASSE-HELD PURI-PURI-PRISONER … MACH DICH BEREIT!
DIE STUNDE UNSERER RACHE IST GEKOM-MEN!
GROOOOOO

SMACK
ARGH!
BOINK
UGH!
WHAFF
HILFE!
NICHTS WIE WEG HIER!
ÄH?
LORD GLUBSCHI UND OROCHI WERDEN UNS BESTRAFEN!
DAS IST JETZT UNSER GERINGSTES PROBLEM! HIER KÜNDIGT SICH GERADE WAS AN … EIN MÄCHTIGES ERDBEBEN … ODER ETWAS NOCH VIEL SCHLIMMERES!
MEINE BARTELN SPÜREN DAS!
UWAH!
TAPP
DER WIRD JA SOGAR VON DEN MONSTERN ALS UNGEHEUER BETRACHTET!

VI-BRATION ☆ DARK ☆ ANGEL ☆ RUSH !!!
DU ...
DU BIST WIRKLICH EIN UNGEHEUER ...

VMMMMMMM
WIE'S AUSSIEHT, HAT DANK DER LIEBE EIN NEUER STIL DAS LICHT DER WELT ERBLICKT!
WAS HAST DU GETAN?
WAS WAR DAS?
?!
?!
VMMMMMM
HERAB-KUNFT VON ...
... VIBRATION ☆ ANGEL!!!
MMMMMM
WAS?!

KRACK

KRACHUNG

...
VMMMMMMMMM
DU KANNST PSYCHISCH NOCH SO STARK SEIN! SOBALD DEIN KÖRPER NICHT MEHR MITMACHT, WAR'S DAS FÜR DICH!
HA HA HA HA HA HA HA!
MMMM
HA HA HA HA HA HA HA!
STOPP

HRN!
BAZOOM
BOMMM
DU BIST KEIN DURCHSCHNITTS-KERL, DU VERDAMMTES UNGEHEUER!
HM.
SIEHT AUS, ALS OB DEIN KÖRPER BEREITS UM HILFE SCHREIT.
KEIN WUNDER … DU HAST EINE ORDENTLICHE LADUNG STROM ODER GIFT ABBEKOMMEN!
BRR
BRR
BRR
BRR
BRR
BRR
BRR
DIESES ZITTERN …
HM?
VON WEGEN „DIE SCHMERZEN ANNEHMEN"! DU BEISST EINFACH NUR DIE ZÄHNE ZUSAMMEN!

DU WILLST DIE HELDEN BESIEGEN? VERGISS ES … DAS SCHAFFST DU NIEMALS!
KRACK KRACK
NICHT EINMAL ICH KANN IHNEN DAS WASSER REICHEN! UND ICH BIN IMMERHIN EIN S-KLASSE-HELD.
FSHHHHH
ABER IM VERGLEICH ZU DENEN BIN ICH BLOSS EIN DURCH-SCHNITTS-KERL.
ALSO, MONS-TER!
BEVOR DU WEITER GROSSE TÖNE SPUCKST, …
… WIE WÄR'S, WENN DU ERST MAL VERSUCHST, DIESEN GANZ NORMALEN DURCHSCHNITTS-KERL VOR DIR ZU BESIEGEN?

ICH KANN DIE BESONDEREN FÄHIGKEITEN, DIE ICH MIR GERADE EINVERLEIBT HABE, NACH LUST UND LAUNE EINSETZEN! BIS SIE VERDAUT UND AUSGESCHIE-DEN SIND!
DIE ZEIT SOLLTE LOCKER REICHEN, UM SÄMTLICHEN HELDEN EIN FÜR ALLE MAL DEN GARAUS ZU MACHEN.
UND DEINE FÄHIG-KEITEN HOLE ICH MIR AUCH!

HE HE HE!
DAS WAREN DIE ANTIPASTI!
UND JETZT KOMMT DAS HAUPT-GERICHT!
WHUFF

EIN MONSTER, DAS ANDERE MONSTER …
GROOOUA
HILFE!
HALT DICH GUT FEST!
UAH!
ZWUMQ
KYAAH!
MAIKO!
UOOOAH!
THUMQ
ER HAT KEIN HERZ …
… FÜR SEINE KAMERADEN …

ZWUMM
WAH!
SPRT
HNGGG
HN ?!
ZWOAAA
HIIH!
WAAAH!

IHR GLAUBT DOCH NICHT, DASS LORD GLUBSCHI UND OROCHI ZULASSEN, DASS IHR EUCH AUS DEM STAUB MACHT.
VACUUMA
GEFAHRENLEVEL: DÄMON
HALT DIE KLAPPE, VACUUMA! STATT GROSSE TÖNE ZU SPUCKEN, KÖNNTEST DU SELBST GEGEN DIESES VERDAMMTE UNGEHEUER KÄMPFEN!
RECHT HAT SIE!
WIESO EIGENT-LICH NICHT …
ABER DAFÜR HOLE ICH MIR EURE KRÄFTE!
FWIPP

VO-
RÜBER-
GEHEN-
DER
RÜCK-
ZUG!
!
DODODODO
WOHIN DES
WEGS?
DODODO
!!!

WIR HABEN SÄMTLICHE WAFFEN AUSPROBIERT, ABER DER KERL SCHEINT UNBEZWINGBAR …
WORAUS IST DIESER KÖRPER GEMACHT?
IHR WUNDERT EUCH?
MEIN HERZ IST GRÖSSER UND WEITER ALS JEDER OZEAN. DAMIT KANN ICH JEGLICHE SCHMERZEN ANNEHMEN.
ICH NENNE DIESE TECHNIK „ANGEL ☆ HUG".
ICH KAPIER DAS NICHT.
WER IST DER KERL?! WIR KÖNNEN DEM NICHTS ANHABEN!
!

HITZE.
NARKOSE-GAS.
ULTRA-SCHALL.
GIFT.

STROM.
FROST.
PARA-
SITEN.

FSHHHHH
…?!
WAS SOLL DIESE POSE?!
HNGG … DASS ICH NICHT MAL NACH EINER VERWANDLUNG ETWAS AUSRICHTEN KANN, IST SCHON ENTTÄUSCHEND.
A-KLASSE
DER UNTERSCHIED ZWISCHEN A-KLASSE UND S-KLASSE IST DOCH ENORM …
ELECTRIC CATFISH MAN PLATTENTEKTONIK-MODUS
LAUT LORD GLUBSCHI SOLLTE ER EIN DANKBARER GEGNER SEIN …
IST DAS EIN MENSCH?

BITZONG!!!
BAZZANG
GROOO
ERWISCHT?

FLASH
MAIKO PLASMA!
HOCH-SPANNUNGS-MODUS!
ZACK ZACK
LIEBES-BLITZ-SES-SION!
KRACK KRACK
HNNN...

PUNCH 110: LOVE EVOLUTION

WUMMM
DU WIRST FÜR DEINEN HOCHMUT MIT DEM TOD BÜSSEN! ZURÜCK ZU MUTTER ERDE MIT DIR!
RMBL
DAS HÖRT SICH AN, ALS OB GLEICH ALLES ZUSAMMEN-STÜRZT ...
RUMMS
TAPP TAPP
HOFFENT-LICH BLEIBT MEINE WOHNUNG HEIL!

DU MUSST MIR NICHT GLAUBEN, DASS ES GOTT WAR. GENUG GEREDET!

DAS HEISST, ICH BESITZE **GOTTESKRÄFTE**, WEIL GOTT SIE MIR VERLIEHEN HAT.
UND ICH WURDE DAFÜR AUSERWÄHLT, WEIL ICH DIE **„ANTWORT"** WEISS!
DIE MENSCHHEIT BEDROHT DEN FORTBESTAND DIESES PLANETEN.
UND DIE ZEIT IST GEKOMMEN, DASS ICH IHRE KULTUR … IHRE GANZE EXISTENZ … AUSLÖSCHE!
AUWEIA …
UND WIESO GLAUBST DU, DASS DIESER TYP GOTT WAR?
STAND DAS IN SEINEM PERSONALAUSWEIS?
ICH MUSS NOCH MEHR ZEIT FÜR DIE REGENERATION MEINES KÖRPERS GEWINNEN …

„DU HAST RECHT."
„DIE MEN-SCHEN SIND TÖRICHT."
„ABER ES IST NICHT NÖTIG, DASS DU DES-WEGEN STIRBST."
„ICH WERDE DIR KRAFT SCHEN-KEN."
„ICH DENKE, DU WEISST BEREITS, ..."
"... WAS DU MIT DIESER KRAFT ANFANGEN SOLLST."

VOR MIR ERSCHIEN GOTT.

ICH WOLLTE DIESER DUMMEN, ENGEN WELT, DIE SICH DIE MENSCHEN MITHILFE IHRES OBERFLÄCHLICHEN WISSENS GESCHAFFEN HATTEN, EIN FÜR ALLE MAL ENTFLIEHEN UND ZUR NATUR ZURÜCKKEHREN. ICH WOLLTE EINE ECHTE KOEXISTENZ MIT MUTTER ERDE.
MIR BLIEB NUR NOCH EINE WAHL. DER TOD.
DOCH DANN GE-SCHAH ES.

MIR WURDE KLAR, WIE TÖRICHT ES VON DEN MENSCHEN WAR, ES SICH NACH IHREN EIGENEN, EGOZENTRISCHEN REGELN AUF RÜCKSICHTSLOSE ART GUT GEHEN ZU LASSEN.
DER MENSCH HATTE SICH AUS DEM VON MUTTER NATUR ERSCHAFFENEN ÖKOSYSTEM EINFACH SO AUSGEKLINKT.
DIE WAHRHEIT WAR BRUTAL.
VON SOLCHEN TYPEN HATTE ICH MICH ERNIEDRIGEN UND WIE DRECK BEHANDELN LASSEN!
DAS WAR SCHWER ZU ERTRAGEN.

ABER WENN ICH SO AUF DEM RASEN LAG UND DIE WOLKEN AM HIMMEL BEOBACHTETE, SPÜRTE ICH GAR KEINEN HASS AUF MEINEN VORGESETZTEN.
ICH DACHTE DANN, DIE ERDE IST DOCH GRÖSSER ALS JEDES VON MENSCHEN GESCHAFFENE GEBÄUDE UND DER HIMMEL HELLER ALS JEDES MENSCHLICHE LICHT.
DIE MENSCHEN SIND UNBEDEUTENDE ZWERGE IM VERGLEICH ZU DEM RIESENHAFTEN WESEN NAMENS ERDE, DAS SIE UMFÄNGT.
MEINE WOHNUNG WAR FORTAN DIESE UNERMESS-LICH WEITE ERDE, GRÖSSER ALS DIE PRÄCHTIGSTE RESIDENZ ...
Betreten
MIR GING EIN LICHT AUF.

WIE DU MEINST. DU SOLLST ERFAHREN, WIE ICH ZU DIESEN KRÄFTEN GEKOMMEN BIN.
NOCH VOR EINEM MONAT WAREN DIE ÖFFENTLICHEN PARKS DIESER STADT MEIN ZUHAUSE.
ICH HATTE MEINEN JOB VERLOREN, KONNTE DIE MIETE NICHT MEHR ZAHLEN UND BIN AUF DER STRASSE GELANDET.
SO HABE ICH DER GESELLSCHAFT DEN RÜCKEN ZUGEKEHRT UND DAS LEBEN EINES EINSIEDLERS GEFÜHRT.
ALLES HATTE DAMIT ANGEFANGEN, DASS MEIN VORGESETZTER MICH NÖTIGTE, BEI EINER BETRIEBSFEIER NACKT ZU TANZEN.
AM NÄCHSTEN TAG WURDE ICH WEGEN SEXUELLER BELÄSTIGUNG GEFEUERT.

HE!
ICH HAB KEINE AHNUNG, WIE DU DEINE HINTERLISTIGEN TASCHENSPIELERTRICKS BEWERKSTELLIGST, ABER …
WER BIST DU?
DAS IST KEIN SPASS … DAS VERDAMMTE MONSTER IST ZU STARK FÜR MICH …
POFF
DAS GEHEIMNIS HINTER DER MACHT DES LICHTS?
DU WILLST ES WISSEN?
DIE SACHE MIT DEINER UNSTERBLICHKEIT IST WÖRTLICH ZU NEHMEN.
ERSTAUNLICH. DER NAME ZOMBIEMAN IST KEINE ÜBERTREIBUNG!

GRO OOOOO
GROOOO
ICH SEHE, DU BIST NICHT UMSONST EIN TOP-HELD ...
GROOOOOO
DICH NUR ZU TÖTEN, REICHT NICHT, UM DICH ZU BESIEGEN.
HART IM NEHMEN BIST DU, DAS MUSS MAN DIR LASSEN.

HNGGGG …
BLOTSCH
TS! DIE NUMMER WAR MEIN LETZTES ASS …
KRICK
RIPP
SWRLLLL
GRAPP

SLTSCH
NA ... TUT'S AUCH SCHÖN WEH?
HNGG
ER HAT DEN SCHUSS AUS DIESER KURZEN DISTANZ GEBLOCKT?!

SMACK
!
KACHINK
BRUMMM

WHAFF
WHACK

THUMM

FWMMM
TAPP
EIN HELDENTOD IST DAS JEDENFALLS NICHT. ZIEMLICH ENTTÄU-SCHEND.
ICH HAB MIR EURE WEBSEITE ANGESCHAUT. WAS MAN DA SIEHT, MACHT MIR NICHT GERADE ANGST.
MIT DIESER HANDVOLL S-KLASSE-HELDEN KOMME ICH NOTFALLS ALLEINE KLAR.
MO-MENT!

HOMELESS EMPEROR
GEFAHRENLEVEL: DRACHE

RMBL
BRUMM
FWAP
FWAP
EINEN SEKUNDENTOD OHNE JEDE GEGENWEHR!

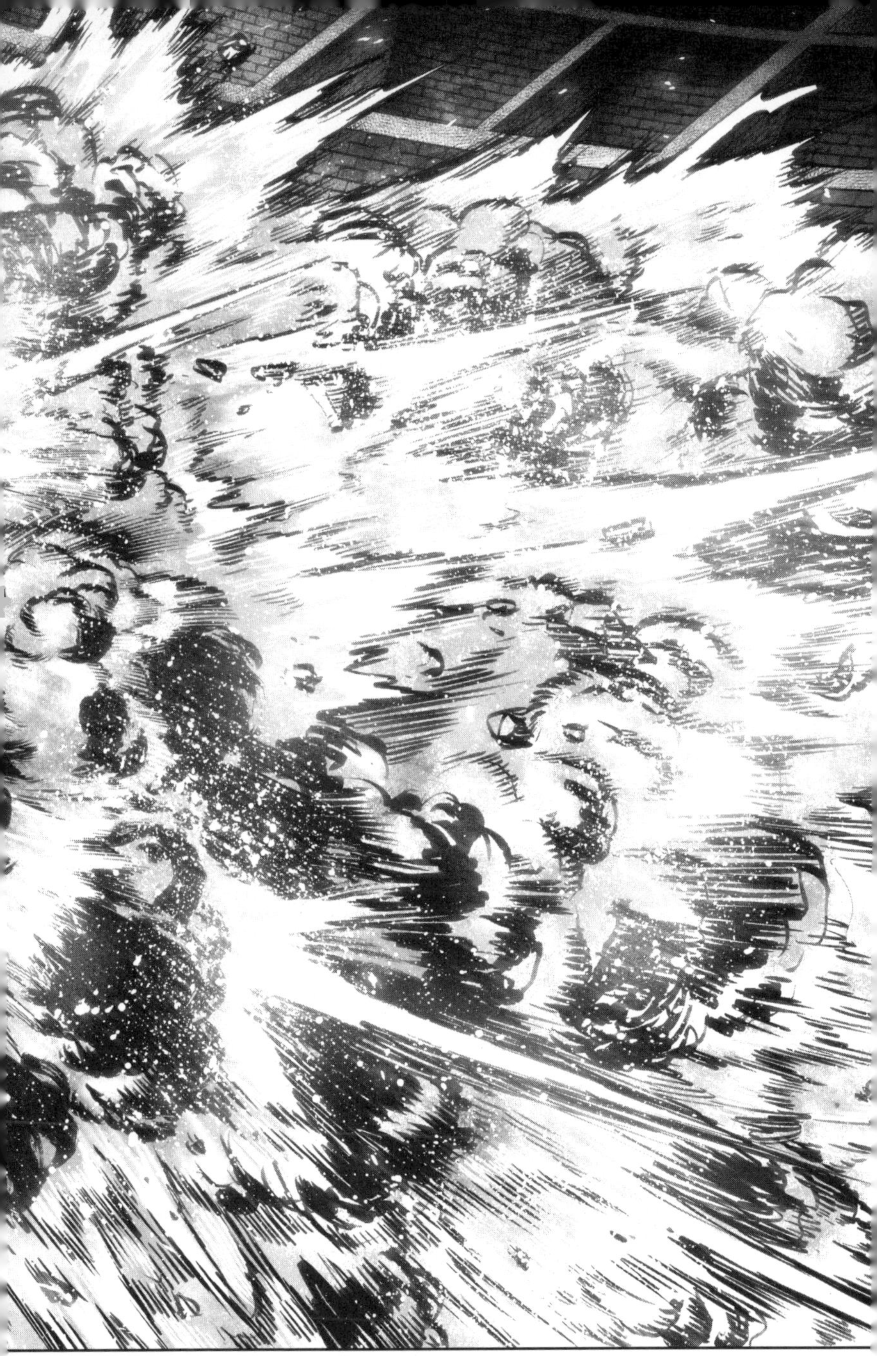

!!!
WO KOMMT DER DENN HER?!
ZUM BEISPIEL KÖNNTEN SIE *DIESEN* TOD STERBEN!

WESHALB MACHST DU DIR SORGEN?
FRAGST DU DICH, WELCHEN TOD DIE ANDEREN HELDEN STERBEN?

RMMBL
WAS WACKELT DENN DA?
RMMBL
KRMBL
ICH MACH MIR LANG-SAM SOR-GEN.

TCH!
FAHR ZUR HÖLLE!
DIE DECKE!

DU HAST WIRKLICH GROSSES PECH, DASS DU AUF MICH GETROFFEN BIST.
LORD GLUBSCHI HAT SICH EBEN ETWAS DABEI GEDACHT!

BEGREIF ES ENDLICH!
BLA
ES IST VERGEBLICH!
BLA
BLA

ICH ...
THUD
THUD
THUD
THUD
SMACK
THUD
THUDUD

KFF!
WAS?!
ER HAT SICH AUF-GE-TEILT …
ABER SEINE KRAFT IST GLEICH GEBLIEBEN!
ICH HAB SEINE STÄRKE UNTER-SCHÄTZT.
VER-FLUCHT.
DAS SIND … ZU VIELE!!!

ES IST AUS UND VORBEI!
MACH DICH BEREIT, ZU STERBEN!

SLASH!

MIC

ATO

SHA SHH

NEIN, DU KAPIERST ES NICHT!
ICH WERDE DEINE UNZÄHLIGEN ICHS MIT MEINEN UNZÄHLIGEN HIEBEN ERLEDIGEN!
VERSUCH'S DOCH!
DU WIRST ES BE-REUEN!
KOMM SCHON!
KOMM ...

BLOB
BLOB
BLOB
BLOB
WIE VIELE VON MIR DU AUCH ERSTICHST …
… ODER ERSCHLÄGST … ICH VERMEHRE MICH UNAUFHALTSAM!

KRACK
KRACK
KRACK
DU BIST VON DER SORTE, DIE SICH AUFTEILT?
DAS …
… GESTALTET DIE SACHE EIN WENIG KOMPLIZIERTER.
KOMPLIZIERTER?
DU GLAUBST IMMER NOCH AN EINEN SIEG?
KAPIERST DU NICHT?
ICH BIN VIELE … UNZÄHLIG VIELE!

HÄLTST DU MICH FÜR EINEN ANFÄNGER?
MUTIE-RENDE RIESEN WIE DICH …
… HAB ICH SCHON ZU DUTZENDEN ERLEDIGT.
IST MEINE LEICH-TESTE ÜBUNG.

DU NIMMST MICH ...
... NICHT ERNST.
JO!
OFFEN GESAGT ... DAS SIEHT NACH EINEM SPAZIERGANG AUS!

KNACK KNACK
KRACK
BDUMP

DU NIMMST MICH ...
... NICHT ERNST?
GRK

WAS SOLL DAS GEFUCHTEL MIT DEM SCHWERT? BIST DU AUF ÄRGER AUS?
ATOMIC SAMURAI! ABTEILUNG „HART ABER HERZLICH"! HABE DIE EHRE.
HABE DIE EHRE! BLA BLA ...
DU MUSST DER KERL SEIN, VON DEM LORD GLUBSCHI GESPROCHEN HAT.
WAS ICH SEHE, BEEINDRUCKT MICH NICHT GERADE, ABER EGAL ...
JEDENFALLS HABE ICH DICH ERWARTET. HOFFENTLICH BIST DU NICHT SO FURZLANGWEILIG, WIE DU AUSSIEHST!
TJA ...
LEIDER HAB ICH KEINE ZEIT FÜR DICH, KLEINER.

GRATONG
TJA, DIE S-KLASSE …
ICH DACHTE IMMER, EINES TAGES KÖNNTE ICH EINER VON IHNEN WERDEN, ABER DIE MESS-LATTE LIEGT VERDAMMT HOCH …

ES TUT MIR LEID …
ZUCK
POFF
HÄ?
GUT, DASS DU ES JETZT GESAGT HAST.
ALLES GUTE!

DER JUNGE HEISST TAREO …
ER IST DICK, HAT ZUSAMMEN-GEWACHSENE AUGENBRAUEN, EINE BUBIKOPF-FRISUR UND TRÄGT EIN T-SHIRT, AUF DEM „BG" STEHT …
ER WAR ZUERST IM SELBEN KERKER WIE ICH …
ABER DIE MONSTER HABEN IHN WEGGE-SCHAFFT …
ALS ICH GEFRAGT WURDE, OB ES NOCH ANDERE GEISELN GIBT, HAB ICH NICHTS VON IHM GESAGT. WEIL ICH ANGST HATTE, DASS WIR DANN NOCH MAL ZURÜCKGEHEN, UM NACH IHM ZU SUCHEN.
ICH HAB VOR ANGST KEIN WORT HERAUSBEKOM-MEN …

DAS KIND ZU RETTEN, IST DAS EINE. ABER ICH HABE DEN FEIND AUCH MITTELS MEINER GANZ EIGENEN METHODEN ANALYSIERT. ICH KENNE IHRE SCHWÄCHEN UND WEISS, WIE MAN SIE BEKÄMPFT! DIESES WISSEN MUSS ICH MIT DEN ANDEREN TEILEN. DAS KANN MIR NIEMAND ABNEHMEN.
AUSSERDEM HAB ICH IMMER NOCH EIN PAAR GEHEIMWAFFEN AUF LAGER!
S-KLASSE HIN ODER HER! WIR LASSEN EIN KIND NICHT ALLEINE GEHEN!
WIR WERDEN DIR HELFEN, CHILD EMPEROR!
NEIN, SCHON GUT.
EURE KRÄFTE WERDEN WEITER HIER OBEN GEBRAUCHT.
JEDER VON UNS HAT SEINEN POSTEN!
ALSO ...

ES WAR SEHR WEITLÄUFIG DA UNTEN. VERMUTLICH GAB ES NOCH ANDERE KERKER.
...
BRUMM
BRUMM
DU ... DU MUSST DA RUNTERGEHEN UND IHM HELFEN!
WIE?
NICHT DOCH, WIR SIND ...
TAPP
ICH GEH NOCH MAL REIN!
WAS?!
TU DAS NICHT! DU HAST DEINE GANZEN TRICKS DOCH SCHON FÜR MICH AUFGEBRAUCHT!
ÜBERLASS DAS LIEBER DEN ERWACHSENEN DA UNTEN ...
DAS KANN ICH NICHT.

SCHOCK
DAS IST TAREO!
BOUMM
IST DER NOCH AM LEBEN?!
BOUMM
HAB'S ERST FÜR EIN MONSTER GEHALTEN. ABER ES WURDE VON EINEM PECHSCHWARZEN ZWERGMONSTER GEJAGT. DACHTE, DANN MUSS DAS EIN MENSCH SEIN.
MEINE POSITION IST ... HM ... WO MAG DAS SEIN ... EGAL, ICH NEHME ERST MAL DIE VERFOLGUNG AUF!
AH ...
HALLO?
HIER CHILD EMPEROR!
DIESES KIND, WAS FÜR EIN ...
DAS SIGNAL IST WEG.

ZOMBIEMAN …
HIER SUGAR MASK. DIE GEISEL IST BEFREIT, ROGER.
DIE MONSTER WAREN NICHT WEITER WILD.
ICH SETZE DEN KAMPF FÜR DAS GUTE FORT!
CHILD
MUNCH MUNCH
HIER
MUNCH
ÄH …
KEINE
BESOND
VORKOM
MUNCH
WER IST DA? ICH VERSTEH KEIN WORT!
GULP
ICH VER-DAUE GRAD.
BIST DU DAS, PIG GOD?
AH … HIER ATOMIC SAMU-RAI!
ICH BIN BESCHÄFTIGT! HABE IN EINER EBENE TIEF UNTEN EIN KIND ENTDECKT!
WAS ?!

HIER CHILD EMPEROR! ICH BIN JETZT MIT EGO-N WIEDER ZURÜCK ÜBER DER ERDE.
DIE OPERATION WAR EIN VOLLER ERFOLG!
ICH WIEDER-HOLE! DIE OPERATION WAR EIN VOLLER ERFOLG!
HIER ZOMBIE-MAN!
!
DAS WAR GUTE ARBEIT, ...
... CHILD EMPEROR!

ALSO GUT, ICH BIN DANN WEG!
TSCHÖ!
UM DIE ECKE LINKS IST ES SICHER! DAS LOCH, DURCH DAS DIE MONSTER RAUSGEKOMMEN SIND, HAB ICH VERSCHLOSSEN.
WAS EIN STRESS!
DANN WERD ICH DIE SACHE MAL SCHNELL ZU ENDE BRINGEN.
BROCK
RUMMS

NEIN ... EIGENTLICH WOLLTE ICH MICH NUR BESCHWEREN GEHEN. WEGEN DES GANZEN LÄRMS.
SPINNST DU?! WAS, WENN DIE MONSTER DICH ALS GEISEL GENOMMEN HÄTTEN?! BILDEST DU DIR EIN, WIR HÄTTEN LEUTE ÜBRIG, UM KERLE WIE DICH DA RAUSZU-HOLEN?!
SACHTE, SACHTE ...
UND SO WAS WIE DU SCHIMPFT SICH HELD! VER-SCHWINDE SOFORT AUS DER STADT!

DIE S-KLASSE ZEIGT, WAS SIE AUF DEM KASTEN HAT …
?
OPE-RATION ERFOLG-REICH!
DANKE! DU KRIEGST NACHHER EINE BATTERIE IN KNOCHEN-FORM!
WAU!
GAZZING
FUMPH
AUF DIE IST EIN KOPFGELD AUSGESETZT?
UND WER IST DER DA?
AH, ER IST EINER VON UNS!
ICH HAB DA UNTEN AUF IHN AUFGE-PASST.
DU WARST AUCH EINE GEISEL DER MONS-TER?

WIR SIND DRAUSSEN!
HEB
KLACK
CHILD EMPEROR!
PUAAAH!
GE... GERETTET!
EGO-N AUCH!
WIE HABT IHR DAS EBEN GESCHAFFT?
HM?
DER GULLYDECKEL?
WIR HABEN GEMEINSAM GEDRÜCKT, WAS DAS ZEUG HÄLT!
ES HAT EINE MENGE KRAFT GEBRAUCHT. WAR VERMUTLICH ETWAS EINGEROSTET.
WIE BITTE? WENN DER SICH EINGEROSTET FÜHLT, WILL ICH NICHT WISSEN, WAS ER DRAUF HAT, WENN ER IN FORM IST …
HAT ER IRGENDEINE ERFINDUNG BENUTZT?
DER KLEINE IST DER WAHNSINN …

AAAAAAAH...
...
KRAWOMM

... DREI !!!
FWOOM
HUA?!

HA HA HA!
KACHUNG
IHR VERDAMMTEN NARREN! DACHTET, IHR HÄTTET UNS IN DIE ENGE GETRIEBEN! ABER ICH HABE EUCH VON NACH-SCHUB UND VERSTÄRKUNG ABGESCHNIT-TEN! IHR SITZT IN DER FALLE!
KACHUNG
WOMMM
BOWOMMM
GREEN! KÖNNEN WIR EINEN ALTER-NATIVEN FLUCHTWEG SCHAFFEN?
KRMBL
KRMBL
ICH HAB MIR BEIM BLOCKIEREN DER AUSGÄNGE VIEL MÜHE GEGEBEN. DAS ÖFFNEN WIRD MIN-DESTENS 30 MINUTEN DAUERN!
DANN MACH DICH SO-FORT AN DIE AR-BEIT!
ICH IN-FORMIERE CHILD EMPEROR ÜBER DIE GEÄN-DERTE FLUCHT-ROUTE!
EINS, ZWEI, ...

WAU WAU!
HURRA!
DA IST DER AUS-GANG!
WIR SIND GERET-TET!
ALLES OKAY? DIESER RIESENRUMS GERADE DA DRAUSSEN …
VERMUTLICH KÄMPFT UNSERE RESERVE GERADE GEGEN DIE FLIEHENDEN MONSTER …
HM?
NANU?
GNN
GNN
GNNN
HRNNNNG!
ES LÄSST SICH NICHT ÖFF-NEN!
IST ES VER-ROS-TET?
HÄÄÄ?
WIR DRÜCKEN ALLE ZU-SAMMEN!

KRASH
DER AUS-GANG!
HA HA HA!
ÄTSCHIBÄTSCH!
DAMIT SIND ALLE EURE HELDEN UNTER DER ERDE GE-FANGEN!
LORD OROCHI WIRD JAGD AUF SIE MACHEN! UND SIE WERDEN NIRGENDWO SICHER SEIN!
BUILDING BLASTER
GEFAHRENLEVEL: DÄMON

CHILD EMPEROR BRINGT EGO-N NACH DRAUSSEN ...
UOH!
WAS IST DAS?!
GROOO

!
BOOM
KRAWUMM
WHACK
WHACK
WHACK
ZUCK
AH!
DER AUSGANG!
BITTE HELFEN SIE MIR, GREEN!
HRM!
KRACK
KRACK
PUH … DAMIT MÜSSTEN ALLE AUSGÄNGE VERSCHLOSSEN SEIN. BIS AUF DEN EINEN, DEN WIR ÜBERWACHEN.
KRACK
KRACK
DA UNTEN SCHEINT ES FÜR UNS ZU LAUFEN.
BALD KOMMEN DIE ERSTEN DURCH DEN AUSGANG ZURÜCK.

VERFLUCHT!
DIE FEIGLINGE HABEN UNS HIER DRAUSSEN AUFGELAUERT!
DIESEN WASCH-LAPPEN VON DER ERSATZ-BANK WERDEN WIR'S ...
HE, DU VER-GREIFST DICH IM TON, FREUND-CHEN!
KRACK
HRNG!
HGYAAAH!

FÜNF MINUTEN ZUVOR
...
LASST KEIN EINZIGES MONSTER ENTKOMMEN!
怪人出没注意

PUNCH 109:
NOCH MEHR FIESE TYPEN

HE HE ...
GANZ SCHÖN FLINK ...

THMP

STAMPF
HE, KLEINER!
WARTE!
STAMPF
IST DOCH HALB SO WILD!
STAMPF
ICH WILL DICH BLOSS TÖTEN! ES GEHT GANZ SCHNELL! DU WIRST GARANTIERT NICHTS SPÜREN!
STAMPF
BLACK SPERM
GEFAHRENLEVEL: DRACHE
WHUMM

HIL-
FEE-
EEEE-
EE!!!
HALT!

HA HA! SIE WAREN AUCH SEHR ÜBERZEUGEND, KOMMANDANT!
SAG BLOSS, DIE ANDEREN HABEN DAS NUR VORGESPIELT?!
AM ENDE SIND WIR DAMIT DURCHGEKOMMEN!
GESPIELT?! MEINE ANGST WAR VERDAMMT ECHT!
ES GING NUR UM DAS RICHTIGE TIMING FÜR DEN GEGENANGRIFF!
ICH SAGE LIEBER NICHT, DASS ICH MIR IN DIE HOSE GEMACHT HABE …
HM? ICH DACHTE, DASS WENIGSTENS EINER VON IHNEN TATSÄCHLICH GEWEINT HAT … WAR ICH ETWA DER EINZIGE?
TJA, TIMING IST ALLES!
DANN TU ICH BESSER SO, ALS OB ES BEI MIR AUCH GESPIELT WAR …
VORZÜGLICHES TEAMPLAY!
EIN VORBILD FÜR UNS HELDEN …

IST ES NICHT SO, DASS MAN ÜBER GERECHTIGKEIT UND IDEALE ERST DANN REDEN KANN, WENN MAN AUCH DIE HÄSSLICHE, SCHMUTZIGE SEITE DES MENSCHEN KENNENGELERNT HAT?
WENN DAS SO IST, DANN SIND WIR EIGENTLICH QUALIFIZIERTER, DARÜBER ZU REDEN, ALS IHR.
...
WIR DENKEN DARÜBER NACH.
WIRKLICH SCHADE ... BEI UNS KÖNNTEST DU FLEXIBILITÄT ERLERNEN. DANN HÄTTEST DU AUCH KEIN PROBLEM MEHR DAMIT, DEM FEIND WAS VORZUFLENNEN, UM IHN ZU TÄUSCHEN ...
VERGISS ES!
DU HÄTTEST MAL SEHEN SOLLEN, WAS MEINE LEUTE FÜR 'NE GLÄNZENDE NUMMER ABGEZOGEN HABEN, ALS SIE SICH DEM OBERMONSTER VOR DIE FÜSSE GEWORFEN HABEN!
HFF ...
HM ?

ES WAR BEEINDRUCKEND, DASS IHR BEI EUREM KAMPF KEINERLEI MÖRDERISCHES QI AUSGESTRAHLT HABT.
DIE FÄHIGKEIT, DIE EIGENE AURA ZU UNTERDRÜCKEN, IST IN UNSEREN KREISEN HEISS BEGEHRT …
PERFEKT FÜR ÜBERRASCHUNGSANGRIFFE.
FÜR UNS IST DAS KEINE KAMPFTECHNIK, SONDERN EIN MITTEL DER SELBSTDISZIPLINIERUNG.
UND WAS IST MIT EUCH? HABT IHR KEIN INTERESSE DARAN, DEN WEG DES SCHWERTES ZU ERLERNEN ODER ALS HELDEN AKTIV ZU SEIN?
…
DAS WÄRE NICHTS FÜR UNS.
EHRENKODEX … FÜR EINE GERECHTE SACHE KÄMPFEN … DAS IST NICHT UNSERE WELT.
AHA …

SAGT MAL, HÄTTET IHR NICHT LUST, FÜR DIE PMC* ZU ARBEITEN?
IM UNTERSCHIED ZUR HELDEN-VEREINIGUNG BIETEN WIR ANGE-MESSENE POSTEN BEI ORDENTLICHER BEZAHLUNG.
* PMC: EIN PRIVATER MILITÄRDIENSTLEISTER
VISITEN-KARTE
WIR HABEN AUCH VER-BINDUNGEN ZU EINEM FÜHRENDEN HERSTELLER VON PROTHESEN. INTERESSE?
DANKE, ABER FÜR UNS IST DIE TÄTIGKEIT ALS HELD EIN ELEMENTARER TEIL UNSERES TRAININGS.
EIN JOBWECHSEL KOMMT DES-HALB NICHT INFRAGE.
VER-STEHE …

IMPROVISIERTES TEAMWORK HABEN SIE VERMUTLICH SOGAR BESSER DRAUF ALS WIR ...
WKK WKK
HM ...
WHACK
SMASH
IHR SEID NICHT UMSONST GANZ OBEN IN DER A-KLASSE!
IHR HABT WAS AUF DEM KASTEN!
DAS HABEN WIR DEM MEISTER ZU VERDANKEN.
TSCHACK

KOSH
TCH … DER KERL HAT DAS WEITE GESUCHT …
MEINET-WEGEN SOLLEN SICH DIE KOLLEGEN OBEN UM IHN KÜMMERN.
DIE HABEN AUCH WAS AUF DEM KASTEN.
TSCHACK

BANN
GANZ TIEF DRINNEN BIN ICH AUF ETWAS SEHR HARTES GETROFFEN ... DA GING MEINE KLINGE NICHT DURCH ...
DAS WIESEL ZUCKT NOCH?!
DU WEISST WOHL NICHT, WANN SCHLUSS IST!
FLUG-SCHWERT!

AM ENDE WARST DU NUR EINE SCHLECHTE KOPIE …
BOOOOM!

ZWEI-
KLINGEN-
STIL!
NG

ATOMIC
SLASH
...

KOMM!

MEINE TECHNIK KOPIEREN? WAS SAGT MAN DAZU …
IST SCHON ERSTAUNLICH, WAS SPIELZEUG HEUTZUTAGE SO ALLES KANN!

ALSO … FALLS DU WAS TAUGST, BESTELL ICH EIN PAAR EXEMPLARE VON DIR IM INTERNET … ALS TRAININGSPARTNER FÜR MEINE SCHÜLER …

STAMPF
KACHAK
MA-SCHINEN-GOTT G5.
DEINE KAMPFDATEN WURDEN VOLLSTÄNDIG ERFASST, ATOMIC SAMURAI.
ICH KANN DEINE SCHWERT-KUNST EINS ZU EINS KOPIEREN.
ERGIB DICH! WIDERSTAND IST ZWECKLOS!

HRRN …
UNENT-SCHIEDEN.
SMASH
ALSO GUT. HAB ICH EUCH JETZT ALLE?
WER WAR NOCH NICHT DRAN? BITTE MAL DIE HAND HEBEN!
KACHAK
!

DAS WILL ICH MEINEN! UND ICH BIN KEIN GERINGERER ALS DER SCHWERT-TEUFEL HACKEPETER! AUCH ICH HABE MEINE SEELE DER SCHWERT-KUNST GE-OPFERT ...
DEIN BLUT SOLL MIR NAHRUNG SEIN BEI MEINEM AUFSTIEG ZUM GRÖSSTEN SCHWERT-KÄMPFER DER WELT!
HAJAAAA!!!

DIE GEGNER ANLOCKEN UND DANN MIT EINEM EINZIGEN SCHWERT-STREICH ZERTEILEN ...
!
DU WIRST DEINEM RUF ALS GROSS-MEISTER DES SCHWERTS GERECHT, ATOMIC SAMURAI!
HE, DA HAT WER MEINEN BLITZ GE-BLOCKT ...

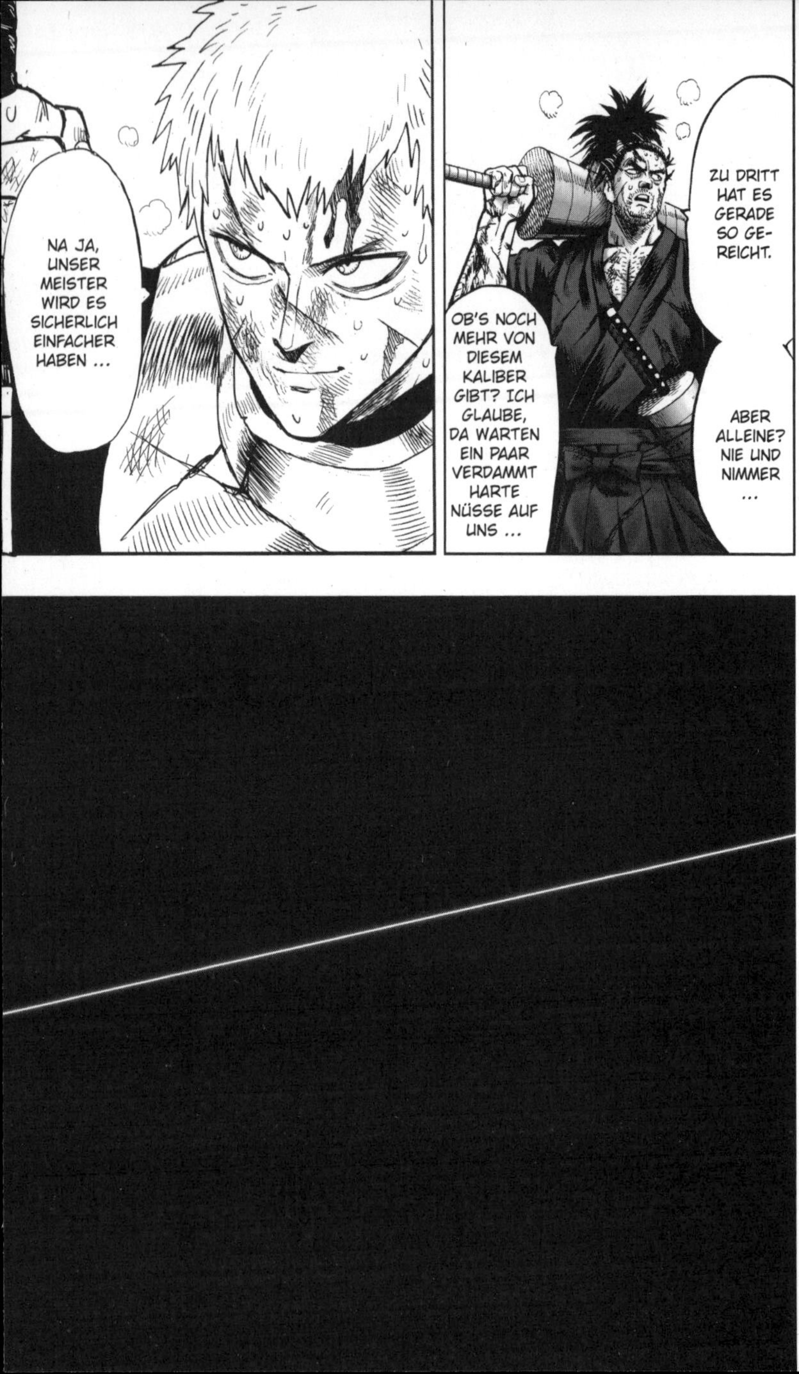
ZU DRITT HAT ES GERADE SO GE-REICHT.
ABER ALLEINE? NIE UND NIMMER …
OB'S NOCH MEHR VON DIESEM KALIBER GIBT? ICH GLAUBE, DA WARTEN EIN PAAR VERDAMMT HARTE NÜSSE AUF UNS …
NA JA, UNSER MEISTER WIRD ES SICHERLICH EINFACHER HABEN …

DOMP
WAR'S DAS SCHON?
HAH
WIR HABEN EINFACH NUR WIE DIE BERSERKER AUF SEINE MATTE EINGE-DROSCHEN ...
HAH
HAH
HAH
JA ...
EIN GEGNER ZUM FÜRCHTEN ... SOWOHL IN PUNKTO ANZAHL ALS AUCH IN PUNKTO REICH-WEITE!
HE! ALLES OKAY?
WIR SIND FERTIG!

ACHILL HATTE SEINE FERSE ...
... UND ICH MEIN HAAR ...

HAH
HAH
HAH

PUNCH 108:
ORIGINAL UND KOPIE

26 JAHRE ALT
23 JAHRE ALT
37 JAHRE ALT

PSST!
NICHT!
AUF KEINEN FALL HIER ENT-LANG!
KRUNCH
KRUNCH
DA LAUERT EIN ULTRA-FIESES MONSTER!
MUNCH
MUNCH

HALT!
TA TA TA TA TAPP
MIST! DIE LASSEN NICHT LOCKER!
...
?!
CHOMP
KRNCH KRNCH
WAPP
MUNCH
STOPP
IST DA WER ...?
MUNCH
WAS SIND DAS FÜR GERÄU-SCHE?
MUNCH
MUNCH
MUNCH
MUNCH

WENN WIR ES SCHAFFEN, AUF SCHLAGDISTANZ ZU KOMMEN, DANN KÖNNEN WIR IHN AUCH AUS DER VERTEIDIGUNGS-POSITION IN STÜCKE HAUEN!
EIN-HUNDERT-TAUSEND HAARE!
UND JEDES EINZELNE WERDEN WIR DIR AUS-REISSEN!
JAWOHL!
SWASH

EURE LEBEN SIND ...
... WIE KERZEN IM WIND!
FSHAA
HM.
DIE SPRÜCHE WERDEN NICHT BESSER!

WIR WISSEN, DASS AUF DEN MANN, DER UNS DEN RÜCKEN DECKT, VERLASS IST!
...
STIMMT ...
WAS IST DENN MIT DIR LOS?
HAST DU WAS KOMISCHES GEGESSEN?
HAST DU DICH JETZT IN MICH VERLIEBT?
BLÖDSINN!

KACHING
ES WERDEN EINFACH NICHT WENIGER ...
THUS
EIN GLÜCK, DASS AUSGERECHNET WIR AUF IHN GESTOSSEN SIND!
JA ... WIR KÖNNEN SEINE MORDGIER WAHRNEHMEN! JEMAND OHNE DIESE FÄHIGKEIT KÖNNTE SEINE ANGRIFFE UNMÖGLICH ABWEHREN!
DAS IST NICHT ALLES ...

EIN MENSCH HAT MEHR ALS 100.000 HAARE AUF DEM KOPF!
UND WIR HABEN GERADE MAL DREI SCHWERTER!
JEDES EINZELNE HAAR ABWEHREN!
DER KLEINSTE FEHLER UND WIR SIND ERLEDIGT!
NICHT DIE NERVEN VERLIEREN ...
MIST!
SHAKK

ACHTET NUR AUF DIE MORD-GIER, DIE SEINE HAARE VERSTRÖ-MEN!
WHAFF WHAFF
REAGIERT INSTINK-TIV!
MEINE MÄHNE WIRD EUCH DAHINWELKEN LASSEN …
THUD THUD
… WIE DAS SALZ FRISCHES GRÜN!

NICHT MIT DEN AUGEN FOLGEN!
SLASH

DA DARF MAN KEIN EINZIGES HAAR VERSÄUMEN ...
WIR MÜSSEN WEITER AN IHM DRAN-BLEIBEN.
AUCH UM EINEN ANGRIFF ...
... AUF DIE LEUTE OBEN ZU VERHINDERN ...

WHOOF
DER KERL IST NICHT OHNE!
HOPP
TCH.
TAPP
DANKE AUCH!
FHH
SEINE HAARE …
… SIND FEINER ALS EINE KLINGE! SIE DRINGEN MIT LEICHTIGKEIT IN DIE LÜCKEN EINER RÜSTUNG …

OKAMA ITACHI!
UNTER DIR! DER BODEN!
!!!

SWOOSH
UND DER A-KLASSE-HELD NICHTS VON DEN GEFAHREN MEINER MÄHNE!
UNFASSBAR! ER HAT DAS FLUG-SCHWERT MIT SEINER MATTE GEBLOCKT?!
TSCHAK
UND DANN DIE BLÖDEN SPRÜCHE …

SWRRR
ER SCHNEIDET DURCH DIE LUFT UND VERURSACHT DAMIT EINE SICHELFÖRMIGE DRUCKWELLE.
ZUGEGEBEN, DIESE TECHNIK MACHT MICH NEIDISCH ...
DER FROSCH IM BRUNNEN WEISS NICHTS VOM OZEAN.

NUN JA.
ER SIEHT VERDAMMT GUT AUS.
ABER SEI'S DRUM ...
BEDAUERLICHERWEISE DARF ICH DEINE GEFÜHLE NICHT ERWIDERN!
DANN BIN ICH WOHL ...
... ABGEBLITZT.
FLUGSCHWERT!

WHAMM

SELBER SCHWACHKOPF!
HM.
PFF! DU BIST DOCH BLOSS EIFERSÜCHTIG!
AHA?
SOLL ICH DICH TÖTEN?
SCHLUSS MIT DEM UNFUG, SOFORT!
…
IHR HABT WOHL VERGESSEN, DASS ES UNSERE EIGENTLICHE AUFGABE IST, UNSEREN MEISTER ZU ENTLASTEN!
DAS BEDEUTET, DASS WIR DIESE RETTUNGSOPERATION SO SCHNELL WIE MÖGLICH ABSCHLIESSEN MÜSSEN, UM UNS IHM WIEDER ANZUSCHLIESSEN!
ALSO HÖREN WIR SOFORT AUF DAMIT, UNSERE ZEIT ZU VERTRÖDELN!
TSCHUK
BWÖRH

DIE HAARE SIND SEINE WAFFE …
…
ER IST ATTRAK-TIV …
GULP
ER ZIEHT MICH AN …
DAS DARF NICHT SEIN … ER IST EIN MONSTER … UND ICH BIN EIN HELD …
DIESE LIEBE IST VERBOTEN!
ZWOOOOM
HE, OKAMA ITACHI! DIESE HAARE SIND SCHWER EIN-ZUSCHÄTZEN …
WIE WÄR'S, WENN DU MAL DEINE FLUG-SCHWERT-TECHNIK PROBIERST?
ÄHM …
BDUMM
DER HAT SICH SCHON WIEDER IN EIN MONSTER VER-KNALLT …
REISS DICH ZU-SAMMEN, SCHWACH-KOPF!

LOS, VERFANGT EUCH IN MEINEM HAAR, IHR HELDEN!
MYSTISCHE MARONENMÄHNE
GEFAHRENLEVEL: DÄMON

KRMBL
FHOOO
KRMBL
!
WIE DIE
MOTTEN IN
DAS LICHT
...
BAZZOONG

GAGINZZING
ALLES KLAR!
HALTET IHR OBEN DIE STEL-LUNG!

TSCHACK
UNTER UNS IST IRGEND-WAS!
ARGH!

WÜRDE MICH NICHT WUNDERN, WENN DER KERL SCHON SEINE EIGENEN KAMERADEN ALS SCHUTZSCHILD MISSBRAUCHT HAT.
WAHR-SCHEINLICH IST ES KLÜGER, DIESEN LEUTEN NICHT DEN RÜCKEN ZUZUKEHREN …
HE, DREI-TAGE-BART!
HM?
ICH HAB DICH VOR-HIN BEOB-ACH-TET!
DU SCHAU-SPIELERST NICHT GERNE, UM DEN FEIND AUSZUTRICK-SEN, WAS?
HIER GEHT'S UM LEBEN UND TOD.
ALSO SCHLUCK DEINEN VERDAMMTEN STOLZ GEFÄLLIGST RUNTER!
IST DAS DER DANK DAFÜR, DASS WIR DIE TYPEN GERETTET HABEN? WAS BILDET DER SICH EIGENTLICH EIN …

FÜR SÖLDNER WIE UNS IST ES ALLTAG, DASS DIE REGULÄRE ARMEE UNS ALS KUGELFANG MISSBRAUCHT.
ODER DASS UNSERE FEINDE SICH ALS GENAU DIE ZIVILISTEN TARNEN, DIE WIR EIGENTLICH BESCHÜTZEN SOLLTEN.
WIR MÜSSEN DA GANZ ANDERE SCHLACHTEN SCHLAGEN ALS IHR HELDEN MIT EUREN MONSTERN.
WAS DU NICHT SAGST ...
...
ALSO GUT.
ICH WERDE AUFPAS-SEN.
GRML GRML
TROTZ-DEM KEIN GRUND, IHN ZU SCHLA-GEN.
SÖLD-NER ...
KEINE IDEALE ... KEIN SINN FÜR GERECHTIGKEIT ... FÜR GELD WÜRDEN DIE KERLE ALLES TUN ...

WHOFF
DACHTEST DU, ER WOLLTE DICH ALS SCHUTZ-SCHILD MISS-BRAUCHEN?
SO WAS IST DEFINITIV NICHT UNSER STIL!
FÜR WEN HÄLTST DU UNS, MANN?
...
DANN TUT'S MIR LEID!
BAMM
IST 'NE ALTE ANGE-WOHNHEIT VON MIR.
BAMM

SMACK
GACHACK
BAMM BAMM BAMM
IAI!
NIMM DICH IN ACHT, KLEINER!
IM KAMPF HAT HINTER MEINEM RÜCKEN KEINER WAS ZU SUCHEN!
WAAAAAS?!
WIR SIND VERBÜNDETE!
DU HAST GENAU GEWUSST, DASS ER DAS IST! WENN DU DER KOMMANDANT DIESES HAUFENS BIST, DANN GUTE NACHT!

ORGRAAAH!
NA, DIE SIND JA DRAUF …
DIE NEHMEN DAS WOHL PER-SÖN-LICH.
WENN WIR DEN GEKIDNAPPTEN JUNGEN NICHT RETTEN KÖNNEN, DANN WAR UNSERE GANZE ARBEIT UMSONST!
HRNNNNN
NA-TÜR-LICH …
GNNN
ACH-TUNG!
WHAFF
URG!
BAKOMM
WHOS

RECHT HAST DU!
SMACK
SMASH

WIR LASSEN UNS KEIN ZWEITES MAL BEZWIN-GEN!
WHUMF
?!
THUD

DANN KÄMPFEN WIR UNS DEN WEG EBEN FREI!
WIR SCHALTEN SIE ALLE AUS, DANN SEHEN WIR WEITER!
WAS?! DIE SIND JA GAR NICHT MANIPULIERT!
TCH! GRAD EBEN HAM SE NOCH UM DIE WETTE GEWINSELT UND JETZT REISSEN SE DIE KLAPPE AUF ...
TACK
WAPP
WHACK
HRMPF!

WH
UD
!!!
SMACK
DIE NUMMER ZIEHT NICHT! DIE MONSTER GREIFEN UNS TROTZDEM AN!
ICH HAB SO GEHOFFT, DASS ES KLAPPT ...

SLASH
SHAKK
WHACK

UHH ... BEFEHL VON LADY SADI-S ...
WIR SOLLEN DIE GEFANGENEN HELDEN ZU LORD GLUBSCHI ESKORTIEREN ...
GNADE! TUT UNS NICHTS!
MA-MAAA!
DAS WERD ICH MIR NIE VERZEIHEN ...
WAS FÜR EIN ERBÄRMLICHER HAUFEN!
HI HI HI! MAN WIRD EUCH FOLTERN, VIERTEILEN, VERBRENNEN ... DAS WIRD EIN FESTMAHL IN MEHREREN GÄNGEN!
HIRGH ...
ABER DREI STÜCK WÄREN SCHON REICHLICH ...
WIE WÄR'S, WENN WIR SCHON MAL EIN WENIG NASCHEN?
WHAFF

HE HE HE
HRN?
HE, SIEH MAL ...
HEY!
WOHIN GEHT DENN DIE REISE, WENN ICH FRAGEN DARF?

PUNCH 107: RÜCKEN

INHALT

ONE-PUNCH MAN VOL.23

23

【 ORIGINAL UND KOPIE 】

STORY

Die Mächte des Bösen bedrohen die Menschheit, doch ein Mann stellt sich ihnen in den Weg. Der Name dieses Mannes: Saitama. Saitama, der Held aus Langeweile.
Auftritt: Garo. Garo sehnt sich danach, ein Monster zu werden, und beginnt, Jagd auf Helden zu machen. Etwa zur gleichen Zeit kidnappen Monster der sogenannten „Monstervereinigung" den kleinen Ego-N und erklären der Heldenvereinigung den Krieg. Die Helden ziehen mit der geballten Streitmacht ihrer S-Klasse in die Entscheidungsschlacht.
Einer von ihnen ist der sehr junge S-Klasse-Held Child Emperor. Nachdem er im unterirdischen Versteck der Monster den mächtigen Phoenix Man bezwungen hat, will er sich und Ego-N zurück an die Oberfläche und in Sicherheit bringen. Auch Bushi Drill und seine A-Klasse-Kollegen sind mit einigen Söldnern, die sie aus dem magischen Bann von Sadi-S befreit haben, auf dem Weg an die Oberfläche …

CHARAKTERE

ONE-PUNCH MAN
23
STORY ONE
ART YUSUKE MURATA
Original und Kopie

ONE-PUNCH MAN | 23

STORY by ONE &
ART by YUSUKE MURATA

ONE-PUNCH MAN 23

STORY by ONE &
ART by YUSUKE MURATA

YUSUKE MURATA

Ich zeichne keinen Strich unüberlegt.